Inhalt

Einleitung 5

Didaktische Überlegungen 6

Stundenaufbau und Bausteine 8

Organisation und Material 9

Bewährte Regeln und Rituale 10

Leitfragen für Reflexionsphasen 11

Zehn Stunden Ringen, Raufen, Verteidigen

1. Stunde: Das Spiel mit der Kraft – ziehen, schieben, widerstehen 13

2. Stunde: Kämpfen um Gegenstände 18

3. Stunde: Fallen – nicht stürzen 23

4. Stunde: Kämpfen um Positionen 28

5. Stunde: Kämpfen um Raum oder Fläche 33

6. Stunde: Kämpfen im Stand 37

7. Stunde: Kämpfen am Boden 41

8. Stunde: Kämpfen in der Gruppe 46

9. Stunde: Kämpfen im Stationsbetrieb 51

10. Stunde: Kämpfen in Turnierform 56

Quellen 63

Nur aus Gründen der besseren Lesbarkeit wird die männliche Form verwendet, gemeint sind immer Personen aller Geschlechter

Einleitung

In jedem Alter leben Kinder das Bedürfnis nach körperlichem Kontakt über das Rangeln und Raufen aus. Ob im Kinderzimmer oder im Freien mit Geschwistern (sowie Eltern!) und Nachbarskindern, ob auf dem Pausenhof oder im Klassenzimmer mit Schulkameraden, überall kann man Kinder beim Toben und miteinander Kämpfen beobachten. Pädagogen haben das kultivierte Kämpfen und sein erzieherisches Potential neu entdeckt. Während eine körperlich ausgetragene Streitkultur oft von Eltern, Lehrern und Erziehern tabuisiert und unterdrückt wurde aus der Furcht heraus, dass sie in nicht mehr kontrollierbare Gewalt übergeht, sind sich Experten heute eher darin einig, dass eine bewusste, regelgeleitete, pädagogische Auseinandersetzung mit spielerischen Formen des Kämpfens auf körperlicher und kognitiver Ebene erzieherisch wirksamer ist. Der Sportartbereich Ringen, Raufen, Verteidigen wird dem Anspruch von sozialer Erziehung, lustvollem Bewegungserleben und Schulung konditioneller sowie koordinativer Fähigkeiten zugleich besonders gerecht.

Didaktische Überlegungen

Der Forderung nach mehrperspektivischem Sportunterricht kommt das spielerische Kämpfen besonders gut nach. Mehrperspektivität beinhaltet sowohl die Vielfalt individueller Erwartungen, Motive und Sinngebungen als auch die Breite pädagogischer Förderungsmöglichkeiten, um junge Menschen im Sport handlungs- und entscheidungsfähig zu machen. Übertragen auf Sinnperspektiven ergeben sich folgende Aspekte, die über das Kämpfen gefördert werden können:

- Das Leisten erfahren, verstehen und einschätzen: Bereitschaft sich anzustrengen, Belastungen ertragen, Akzeptanz von Sieg und Niederlage, realistische Selbsteinschätzung.
- Gesundheit fördern, Gesundheitsbewusstsein entwickeln: Verbesserung von konditionellen und koordinativen Fähigkeiten (z. B. Kraft, Kraftausdauer, Gleichgewicht, Geschicklichkeit, Reaktion), Entwicklung eines gesunden Selbstvertrauens.
- Kooperieren und sich verständigen: Respekt vor dem Gegner entwickeln, Anerkennung gegenseitiger Leistungen, Fairplay, Akzeptanz von Regeln, miteinander kommunizieren.
- Sich körperlich ausdrücken, Bewegung gestalten: Fähigkeit zum Ausdruck über Gestik, Mimik, Körperspannung, Fähigkeit körperliche Aktionen bewusst einzusetzen.

- Sinneswahrnehmung verbessern und Körpererfahrung erweitern: körperliche Phänomene und Reaktionen auf Anstrengung und Erholung (Atmung, Herzfrequenz, Schweiß) wahrnehmen.
- Wahrnehmung der eigenen Person (Selbstbild) und des eigenen Körpers (Körperhaltung und Körpersprache) mit dessen Bewegungsmöglichkeiten.
- Etwas wagen und verantworten: eigene Stärken und Schwächen erkennen und gezielt einsetzen, Herausforderung zum Kampf annehmen.

Unterrichtssituationen mit induktivem Charakter und offenen Bewegungsaufgaben wie beim spielerischen Kämpfen motivieren SuS (Schülerinnen und Schüler) zu kreativen Handlungen. Ein bloßes Vormachen und Nachmachen technischer Griffe wie im Judo oder vorgegebene Bewegungslösungen würden die Chance des entdeckenden Lernens nicht nutzen.
Differenzierung hat zum einen Inklusion, aber auch individuelle Förderung zum Ziel. Äußere Differenzierung kann über organisatorische und methodische Maßnahmen wie freie Partnerwahl oder Zuordnung nach Größe und Gewicht stattfinden. Eine Art innerer Differenzierung nimmt jeder Schüler über die Auswahl motorischer Aktionen, über Bewegungsqualität, Anstrengungsgrad, Bewegungstempo, Nähe und Distanz des Körperkontaktes selbst vor und beeinflusst so den Grad der Herausforderung und das Risiko.

Mit gezieltem Einsatz von Handicaps für Stärkere lassen sich ungleiche Ausgangsituationen abmildern: Kämpfe zwei gegen einen, blind kämpfen lassen, eine Hand muss einen Tennisball festhalten während des Kampfes, Punkte/Treffer für Schwächere doppelt werten, Punkte-/Treffervorgabe für Schwächere, auf weicher Unterlage Beine des Überlegenen zusammenbinden.

Stundenaufbau und Bausteine

Jede Stunde besteht aus verschiedenen Bausteinen, über deren Länge die Lehrkraft nach situativen Gegebenheiten entscheidet. Bewusst sind mehr Übungen und Spielideen aufgeführt als realistisch in einer Unterrichtsstunde ausprobiert werden können.
Im Baustein Aktivierung geht es um die Anregung des Herz-Kreislauf-Systems, um die physische und psychische Einstimmung auf das Thema. Freude an Bewegung und spielerisches Miteinander stehen im Fokus.
Im Baustein „Voraussetzungen schaffen" geht es um Vertrauen, Körperkontakt zulassen, Wahrnehmen von dynamischem Gleichgewicht und Körperspannung.
Der Baustein Kämpfen umfasst Teilbereiche wie Kräftemessen durch ziehen, schieben, widerstehen, Kämpfen um Gegenstände, um Körperpositionen, um Raum oder Fläche,

Kämpfen im Stand, am Boden, in der Gruppe und aus organisatorischer Sicht Kämpfen im Stationsbetrieb und in Turnierform.
Der Baustein Entspannung dient dem Spannungsabbau, dem sozialen Miteinander und ist förderlich für eine vertrauensvolle Atmosphäre in der Lerngruppe. Erst mit viel körperlichem Einsatz fair kämpfen und sich dann hinterher etwas Gutes tun!
Phasen der Reflexion ergeben sich im Idealfall aus dem Bedürfnis heraus, etwas regeln zu müssen oder zum Nachdenken anregen zu wollen. Bis auf das gemeinsame Erarbeiten von Kampfregeln sind solche Phasen daher nicht in den Stunden verankert, sondern situativ einzuplanen. Anregungen zur gedanklichen Auseinandersetzung mit dem Thema Kämpfen sind auf im Kapitel Leitfragen für Reflexionsphasen zu finden.

Organisation und Material

Es wird von einer normalen Größe einer Sporthalle mit üblicher Ausstattung und Lerngruppen in Klassenstärke ausgegangen. Alle Ideen und Übungen sind gekennzeichnet durch einfaches Regelwerk sowie geringen organisatorischen und materiellen Aufwand. Der Gerätebedarf ist am Beginn jeder Stunde angegeben. Gekämpft wird mit der ganzen Gruppe, in Kleingruppen und Paaren.

Bewährte Regeln und Rituale

Regeln und Rituale sind das Ergebnis reflektierten Verhaltens und stellen soziale Absprachen dar. Sie dienen als Orientierungshilfe für Lehrkräfte, Kampfrichter und Kämpfende, schaffen eine Vertrauensbasis und sind eine Voraussetzung für einen fairen Umgang miteinander. Idealerweise entsteht das Bedürfnis etwas zu regeln aus dem eigenen Tun und Ausprobieren. Deshalb erhöht es die Verbindlichkeit von Regeln, wenn diese von allen Beteiligten gemeinsam erarbeitet und z. B. als Poster ausgehängt und unterschrieben werden. Bewährte Regeln sind:

- Ich tue niemandem weh!
- Ich schlage, trete, kratze, kneife nicht!
- Ich ziehe nicht an den Haaren!
- Ich kitzle nicht!
- Ich halte das Begrüßungsritual ein und zeige damit Respekt!
- Ich frage, ob mein Partner zum Kampf bereit ist!
- Ich beachte sofort Stopp-Signale durch Kampfpartner, Kampfrichter oder Lehrkraft!
- Ich kämpfe mit körperlichem Einsatz, aber nicht aggressiv!
- Ich respektiere das Ergebnis eines Kampfes!

Wie aus den Kampfsportarten bekannt, haben die Kämpfenden die Möglichkeit durch mehrmaliges Abklatschen mit der Hand auf den Boden oder den Körper des Kampfpartners einen sofortigen Abbruch des Kampfes einzufordern. Ebenso kann ein lauter Ruf „Stopp" durch die Lehrkraft, den Kampfrichter oder die Kämpfenden selbst den Kampf beenden, wenn Regeln nicht eingehalten werden, zu aggressiv und verbissen gekämpft wird oder die Kampfsituation ausweglos erscheint.

Leitfragen für Reflexionsphasen

Mit Blick auf die erziehende Wirkung durch Sport bietet die Vorgehensweise des entdeckenden Lernens und Experimentierens pädagogische Chancen zu Reflexionsgesprächen, in denen sich alle Beteiligten über das individuell Erlebte austauschen können. Mit gezielten Leitfragen kann die Lehrkraft kritische Situationen aufgreifen, Emotionen steuern oder Regeln diskutieren lassen. Der Zeitpunkt solcher Reflexionsphasen ergibt sich oft situativ.

- Wurden die Regeln eingehalten, reichten die Regeln aus, gab es überflüssige Regeln?
- Habt ihr miteinander oder gegeneinander gekämpft? Unterschied?

- Habt ihr mit vollem Einsatz oder zurückhaltend gekämpft?
- Habt ihr mehr angegriffen oder mehr verteidigt?
- Seid ihr an persönliche Grenzen gestoßen?
- Gibt es unangenehme Situationen beim Kämpfen für Euch?
- Reichte Eure Kraft und Ausdauer?
- Könnt ihr Niederlagen akzeptieren? Habt ihr euch über eine Niederlage besonders geärgert? Bei einer bestimmten Person?
- War die körperliche Nähe unangenehm für euch?
- Wie könnt ihr geschickt und schlau kämpfen?
- Mit welcher Taktik kommt ihr zum Erfolg?
- Kämpfst Du lieber mit Mädchen oder lieber mit Jungen?

1. Stunde: Das Spiel mit der Kraft – ziehen, schieben, widerstehen

Über alle Sinne die eigene Kraft und die der anderen spüren, Dosierung, Richtung und Stärke im Wechselspiel ausprobieren, damit verbundene Emotionen wahrnehmen und steuern, das ist das Thema der ersten Stunde. Je nach Zeit können die Übungen mehrfach mit verschiedenen Partnern ausprobiert werden.

Geräte: 5 Turnmatten, 2 Langbänke.

Aktivierung

Klatschbegrüßung

Alle laufen quer durch die Halle. Auf Pfiff begrüßen sich jeweils zwei SuS mit dem Klatschrhythmus 3x auf die eigenen Oberschenkel, 3x in die eigenen Hände, 3x gegenseitig mit den Händen. Das Laufen wird nach jedem Klatschritual ersetzt durch weitere Übungen des Lauf-ABC's.

Voraussetzungen schaffen

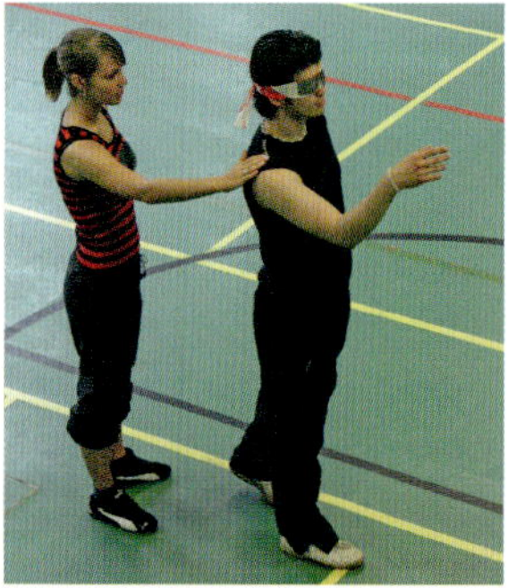

Blinder Roboter (Foto)
A macht als Roboter die Augen zu und wird von B mit vier Gesten durch die Halle gelenkt:

Rücken berühren	= vorwärts gehen
Kopf berühren	= stopp
Linke Schulter berühren	= Drehung links
Rechte Schulter berühren	= Drehung rechts

Achtung: keine Zusammenstöße provozieren!

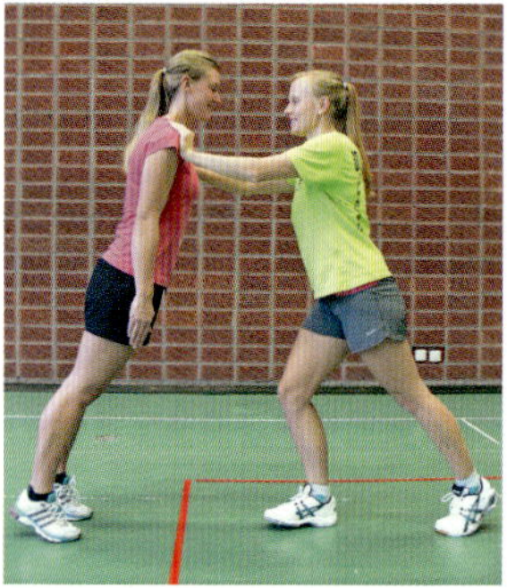

Pendel (Foto)
A steht mit Körperspannung zwischen B und C mit ca. 1 m Abstand zu beiden. A lässt sich nach vorn fallen, B und C schubsen A sanft hin und her mit beiden Händen an den Schultern. Rollentausch.
Variation: Augen zu!

ABC

Alle stehen auf zwei Langbänken, die einen Winkel von ca.150° zueinander haben. Die SuS sollen sich entsprechend dem Anfangsbuchstaben ihres Vornamens alphabetisch sortieren ohne die Langbank zu verlassen. Helfen erwünscht! Variation: schmale Seite der Bank nach oben.

Kämpfen

Einer auf die Matte (Foto)

Eine Kleingruppe steht mit Handfassung um eine Turnmatte herum. Durch geschicktes Ziehen und Zerren sollen andere zum Betreten der Matte gezwungen werden. Jeder zählt seine „Fehltritte“.

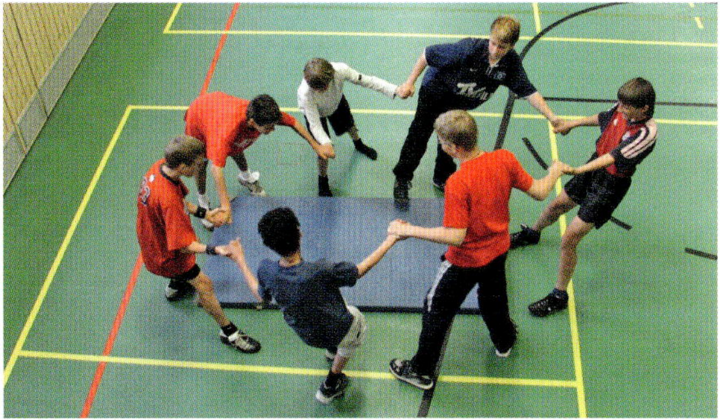

Störrischer Esel

A steht vor B, B schiebt A mit den Händen als störrischen Esel, der zuerst wenig, dann mehr Widerstand zu leisten versucht. Rollentausch!

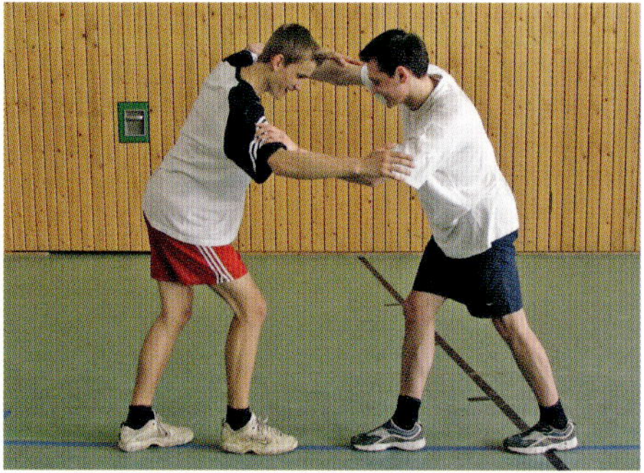

Linienkampf (Foto)

A und B stehen sich auf einer Linie gegenüber mit Handfassung an den Oberarmen. Durch wechselnden Krafteinsatz (drücken, schieben, nachgeben) soll der Partner zum Verlassen der Linie gezwungen werden.

Variation: auf der schmalen Seite der Langbank, auf dem Schwebebalken oder auf einem Seil balancierend.

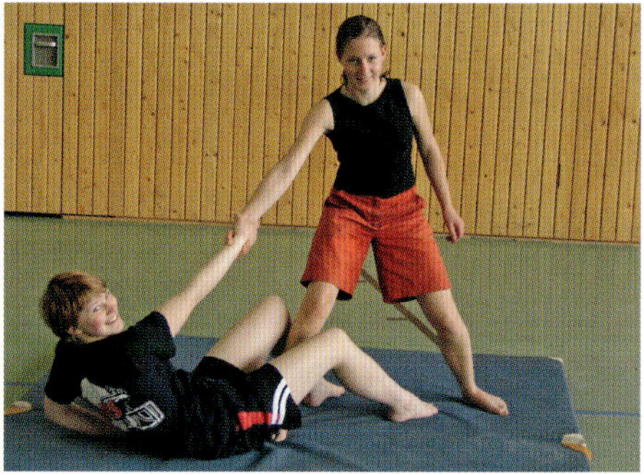

Steh auf – setz Dich (Foto)

A sitzt, B steht, beide reichen sich eine Hand. B versucht A hochzuziehen, A widersteht. Rollentausch.

Entspannung

Geheimschrift (Foto)
A schreibt B mit dem Zeigefinger Buchstaben, Wörter oder Rechenaufgaben auf den Rücken, B soll raten.
Rollentausch.

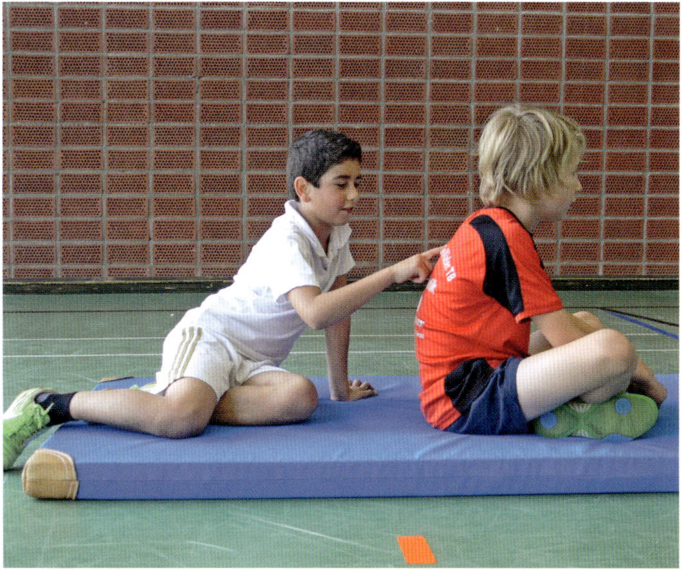

2. Stunde: Kämpfen um Gegenstände

Der Kampf um Gegenstände lenkt die Aufmerksamkeit weg vom Körper. Der enge Körperkontakt wird eher unbewusst wahrgenommen und ist vor allem für zurückhaltende, ängstliche SuS eine Entlastung mit geringerer emotionaler Anforderung. Die Gruppe gibt Halt, stärkt den Teamgedanken und gleicht Stärkere und Schwächere aus. Bei Kämpfen zu zweit rückt der Aspekt des persönlichen Leistens und damit die Auseinandersetzung mit Sieg oder Niederlage mehr in den Vordergrund.

Geräte: Wäscheklammern, 8 Turnmatten, 8 Medizinbälle, pro Kind einen Luftballon, pro Paar einen Tennisball.

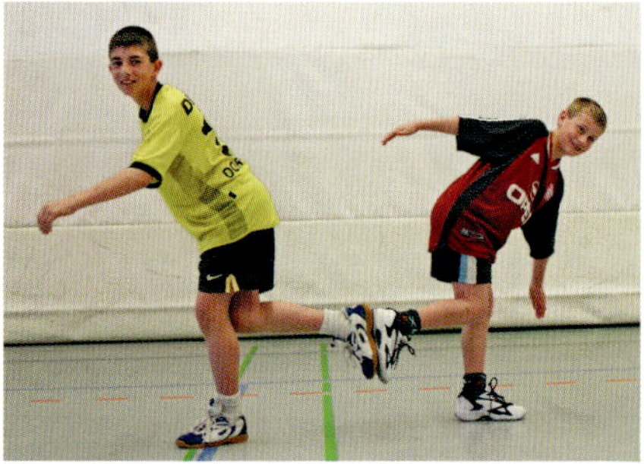

Aktivierung

Körpergruß (Foto)
Alle laufen durch die Halle. Die Lehrkraft nennt eine Zahl und eine Körperstelle, z. B. 3 x Fußsohle. Alle suchen sich nacheinander drei SuS und be-

rühren sich gegenseitig mit der Fußsohle. Weitere Körperteile und Zahlen folgen. Am Anfang unverfängliche Körperteile auswählen.

Voraussetzungen schaffen

Dach bilden (Foto)
A und B nehmen die Hände hoch und pressen die Handflächen gegeneinander. Beide gehen mit Körperspannung mit den Füßen nach hinten, so dass Körper und Arme ein Dach bilden. Wie groß kann der Abstand werden?

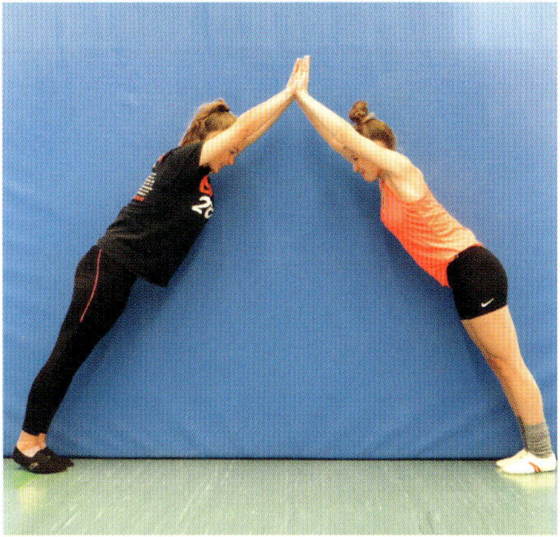

Jurtenkreis
Alle bilden einen Kreis mit Handfassung und zählen bis zwei ab. Die „Einsen" lehnen sich mit Körperspannung nach hinten, die „Zweien" nach vorn. Dann wird gewechselt.
Variation: Augen zu!

Aufstand (Foto)
A und B haken sich Rücken an Rücken mit den Armen ein und versuchen sich gemeinsam hinzusetzen und wieder aufzustehen.
Variationen: Augen zu, hinsetzen und aufstehen zu dritt, zu viert.

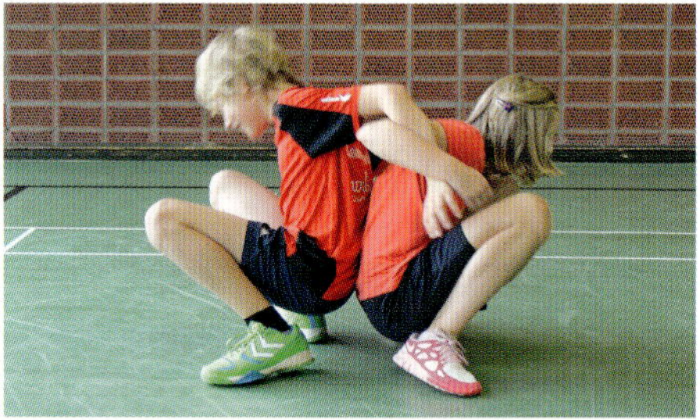

Kämpfen

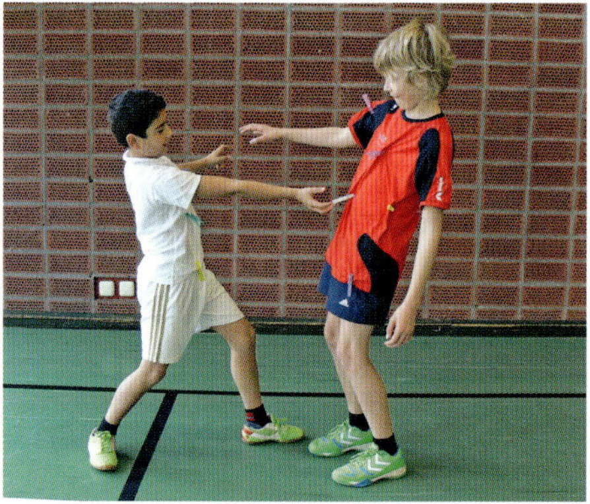

Wäscheklammerjagd (Foto)
Alle klemmen sich gut sichtbar zwei Wäscheklammern an das T-Shirt. Auf Kommando erbeuten alle Wäscheklammern bei anderen und schützen die eigenen ohne Handeinsatz.
Variationen: Geschlechter erbeuten untereinander, nach Farben jagen.

Reise nach Jerusalem (Foto)
In der Mitte liegen einige Medizinbälle, im Kreis darum Turnmatten als kleine Kampfflächen. Alle laufen um die Matten herum, auf Pfiff versuchen alle einen Ball zu erbeuten und diesen auf einer Matte 30 Sekunden gegen andere zu verteidigen. Nach jeder Runde werden ein Ball und eine Matte entfernt. ***Variation:*** verschiedene Bälle nehmen.

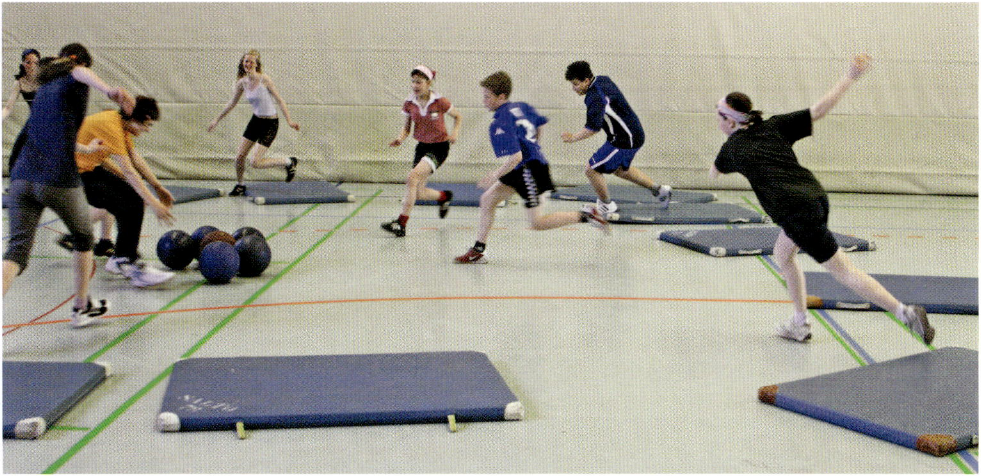

Luftkampf (Foto)
A und B halten mit den Händen ihren Luftballon in der Luft und versuchen den des Partners wegzuschlagen. Jeder Treffer zählt einen Punkt.
Variationen: schlagen mit schwacher Hand, mit den Füßen, Feld verkleinern.

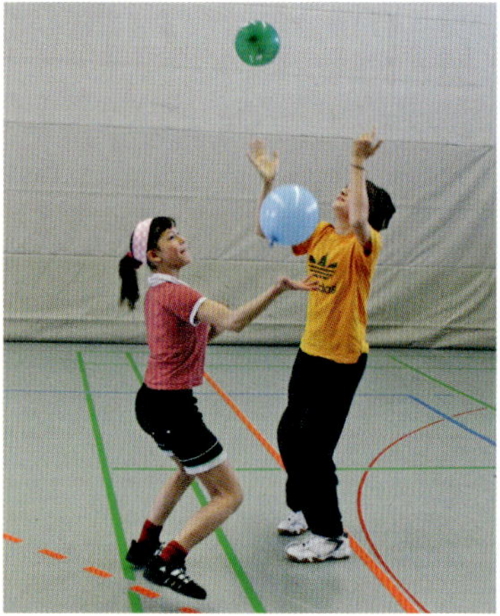

Her mit der Socke
A und B stehen auf Socken auf zwei Turnmatten. Beide versuchen dem anderen die Socken vom Fuß zu ziehen.

Entspannung

Tennisballmassage
A liegt auf dem Boden und wird von B mit einem Tennisball mal sanft, mal mit Druck massiert. Rollentausch.

3. Stunde: Fallen – nicht stürzen

Während Stürze immer einen unerwarteten Aspekt mit hohem Verletzungsrisiko haben, spricht man beim Fallen von kontrollierten Bewegungen, deren Risiko mit Falltraining vermindert werden kann. In Kampfsportarten wie Judo oder Ringen sind Falltechniken in die Sportart integriert, im Zusammenhang mit dem spielerischen Kämpfen und möglichem Fallen tragen Fallübungen zum Angstabbau bei und vermitteln sogar Spaß.

Geräte: 6 Turnmatten, 4–5 Weichbodenmatten (WBM), 3 Langbänke,
12 runde Medizinbälle, 1 Ball.

Aktivierung

Chaossprünge
In der Halle liegen verteilt 4–5 Weichbodenmatten (WBM). Alle laufen durch die Halle und sollen sich kreativ und mit Geschrei auf den Matten fallen lassen. Salti sind nicht erlaubt. Die SuS sprechen sich beim Fallen ab, damit es keine Zusammenstöße gibt!

Voraussetzungen schaffen

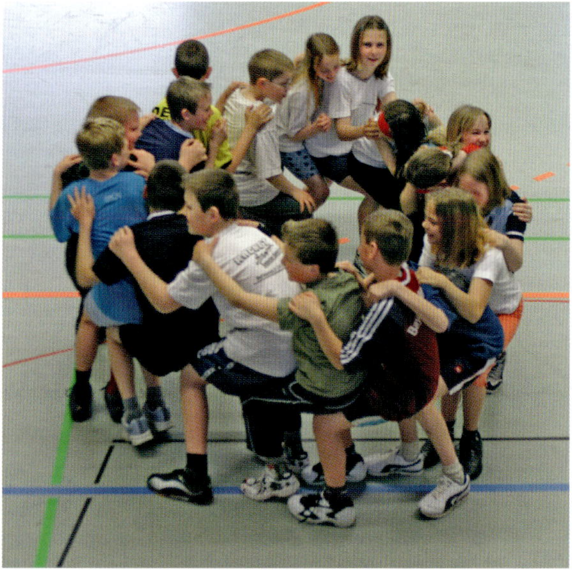

Sitzkreis (Foto)
Alle stehen hintereinander im Kreis mit den Händen auf den Schultern des Vordermanns. Auf Kommando setzen sich alle auf die Oberschenkel des Hintermanns.

Schwebende Jungfrau
A liegt auf einer Matte mit seitlichen Armen und Körperspannung. 6–8 SuS schieben die Hände unter den Körper und heben A vorsichtig an und wieder ab. Rollentausch.
Achtung: Kopf stützen!

Fallen – nicht stürzen

Im Gespräch werden Schutzprinzipien beim Fallen erarbeitet und demonstriert: Je nach Übung sind das Abrollen mit Kopf auf der Brust, Körperspannung, Abschlagen der Hände auf dem Boden beim Aufprall, aktives Ausatmen bei der Landung. Die Fallübungen werden im Stationsbetrieb (6 Stationen mit 4 SuS) durchlaufen. Bei allen Übungen auf Körperspannung, ausatmen und evtl. abschlagen achten!

Lass' los (Foto)
A und B stehen auf Turnmatten, fassen sich an den Händen und gehen mit einem 90°-Winkel in die Knie. Auf Kommando lassen beide los, rollen nach hinten über den Rücken und schlagen mit den Händen ab.

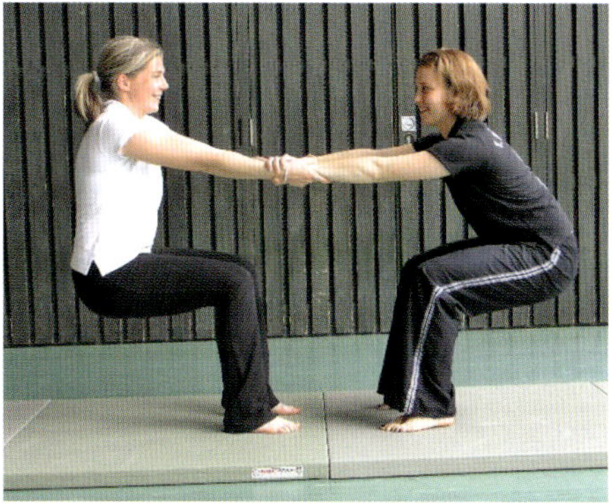

Fall gegen die Wand
A steht vor einer Wand mit ca. 1 m Abstand, hält die Hände wie ein Dreieck vor den Körper und lässt sich gegen die Wand fallen.

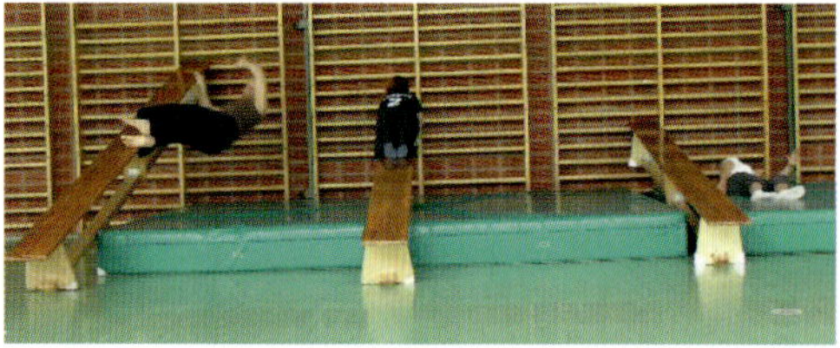

Schieflage (Foto)
3 Langbänke hängen in unterschiedlichen Höhen in der Sprossenwand, daneben liegen WBM. Aus der Bauchlage und dem Kopf nach oben lassen sich die SuS auf die Matten fallen und rollen seitlich ab.

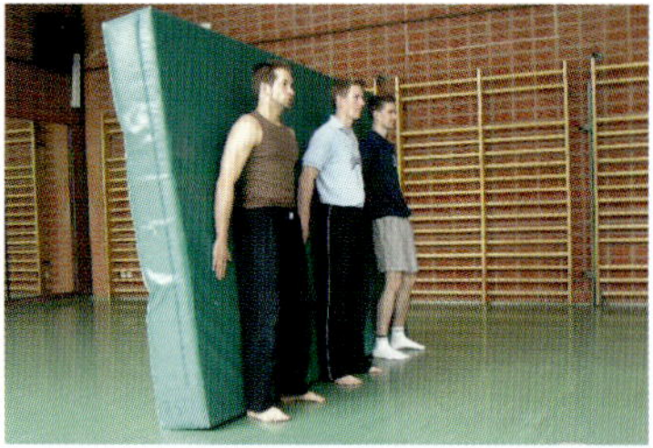

Mattenfall (Foto)
Eine WBM steht hochkant, 4 SuS stellen sich mit dem Rücken zur Matte und lassen sich auf Kommando nach hinten fallen.

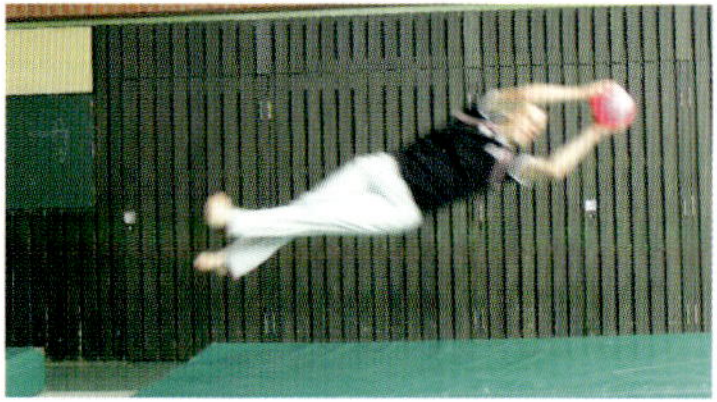

Torwart (Foto)
A steht neben einer WBM. B wirft einen Ball an das Mattenende. A soll wie ein Torwart den Ball im Hechtsprung zur Seite fangen.

Fall aus dem Kniestand
A kniet aufrecht auf einer Matte, hält die Hände zum Dreieck vor dem Körper und lässt sich nach vorn fallen.

Wogendes Meer (Foto)
Als gemeinsamen Ausklang spielen alle das „Wogende Meer“: unter einer WBM liegen verteilt 12 runde Medizinbälle. A steht auf der Matte, alle anderen sitzen um die Matte herum. A sagt eine Windstärke zwischen 1–12 an und die Gruppe bewegt die Matte entsprechend sanft oder stark hin und her. Wer kann den Wellen wiederstehen und bleibt möglichst lange im Stand? Rollentausch.

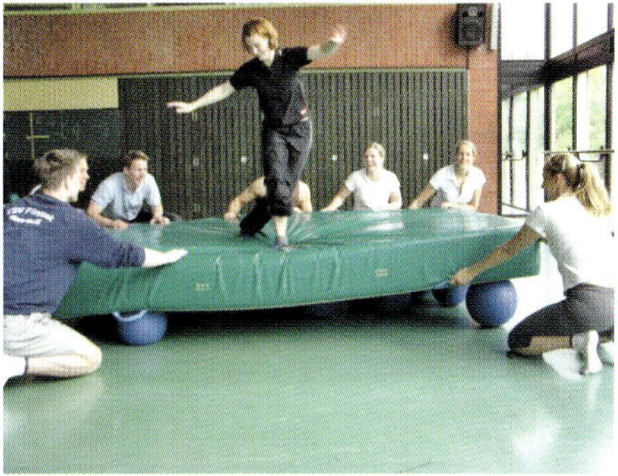

4. Stunde: Kämpfen um Positionen

Beim Kampf um Positionen wird die Aufmerksamkeit ebenso wie beim Kampf um Gegenstände vom Körper weg gelenkt. Sowohl in der Rolle des Angreifens als auch in der des Verteidigens ist eine Position entweder gegen Widerstand zu halten oder es ist das Ziel, in eine bestimmte Position im Stand, im Sitz oder am Boden zu kommen. Körperspannung und bewusst eingesetzte Atmung unterstützen den „Widerstand".

Geräte: 4 Langbänke, 2 WBM, pro Paar ein Seil, 12 Reifen, pro Paar eine Turnmatte.

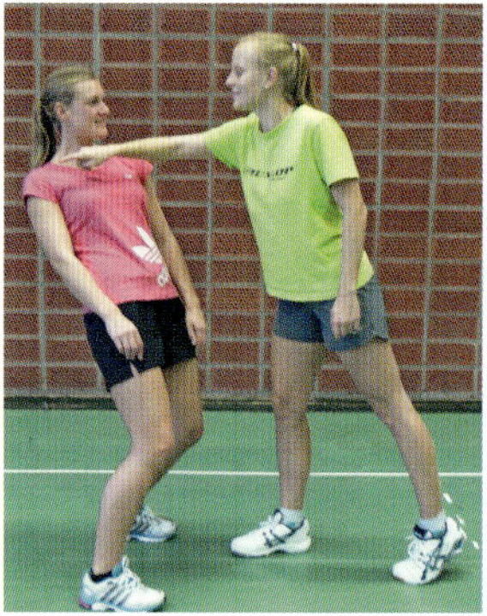

Aktivierung

Körpertick (Foto)
2 Fänger ticken andere ab. Wer getickt wird, hält mit der Hand die Körperstelle. Beim zweiten Tick hält die freie Hand die

zweite Körperstelle. Erst beim 3. Tick wird man zum neuen Fänger. Variation: beim 3. Tick läuft man eine große Runde um das Spielfeld und ist anschließend wieder im Spiel. Schlau ist es, unten die Beine zu ticken, um das Laufen zu behindern.

„A schützt B vor C": Alle bilden Dreiergruppen. A verhindert, dass C Person B ticken kann. Auf möglichst körperloses Spiel achten. Rollentausch.

Voraussetzungen schaffen

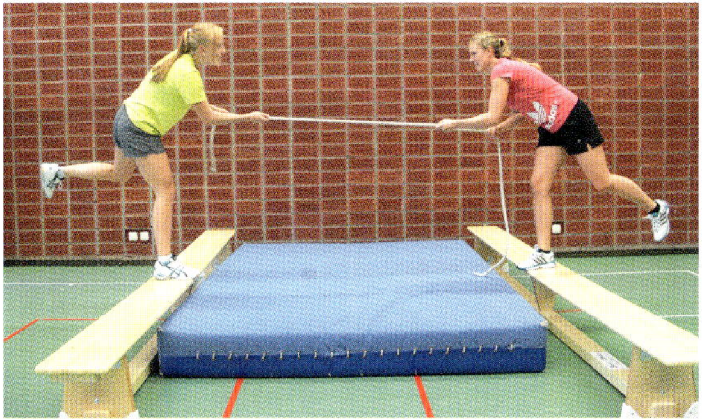

Tauziehen (Foto)
Zwischen zwei Langbänken liegt eine WBM. A und B stehen gegenüber mit einem Seilende in der Hand. Durch geschicktes Ziehen mit unterschiedlichem Krafteinsatz soll der Partner in den Wassergraben gezogen werden. Variationen: auf einem Bein, Augen zu, schmale Seite oben.

Kämpfen

Ring frei

In der Halle liegen verteilt ca. 10–12 Reifen. Alle laufen durch die Halle, auf Pfiff versuchen alle in einem Reifen zu stehen. Wer keinen freien Reifen findet, darf 15 Sekunden lang versuchen, andere aus dem Reifen zu drängen. Nach jedem Durchgang werden Reifen entfernt und der Kampf intensiviert sich. ***Variation:*** Farben der Reifen J/M zuordnen.

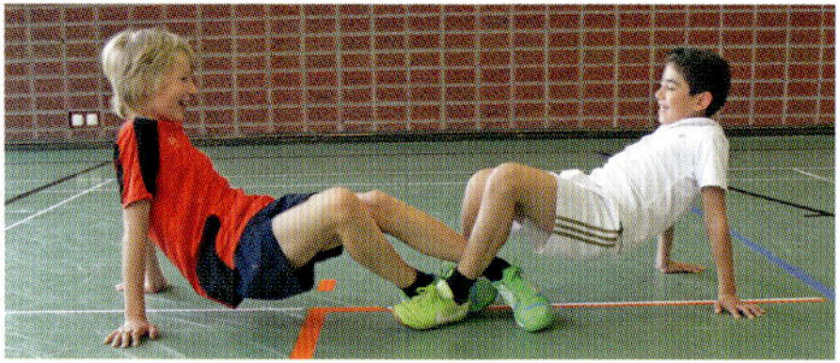

Krabbenlauf (Foto)

Alle bewegen sich im Krabbengang und versuchen durch Beinhakeln die anderen zu zwingen, mit dem Gesäß den Boden zu berühren.

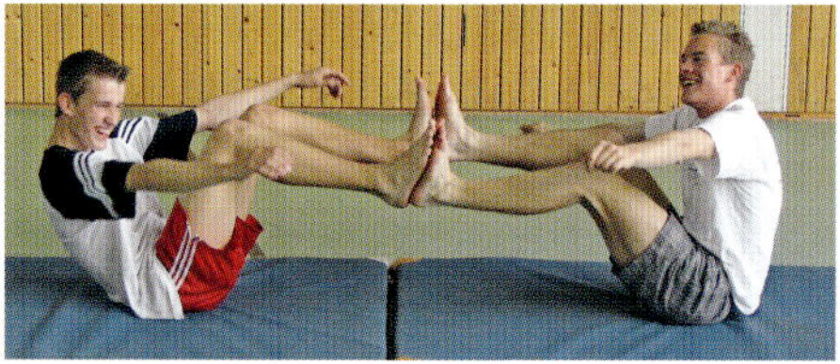

Schwebesitzkampf (Foto)

A und B sitzen auf einer Matte und drücken die Fußsohlen in der Luft gegeneinander, die Arme stützen nicht. Durch geschicktes Drücken und Nachgeben soll der Partner zum Umfallen gezwungen werden.

Schildkröte umdrehen (Foto)
A liegt auf dem Bauch mit ausgebreiteten Armen und Beinen auf einer Matte. B versucht die „Schildkröte" auf den Rücken zu drehen.

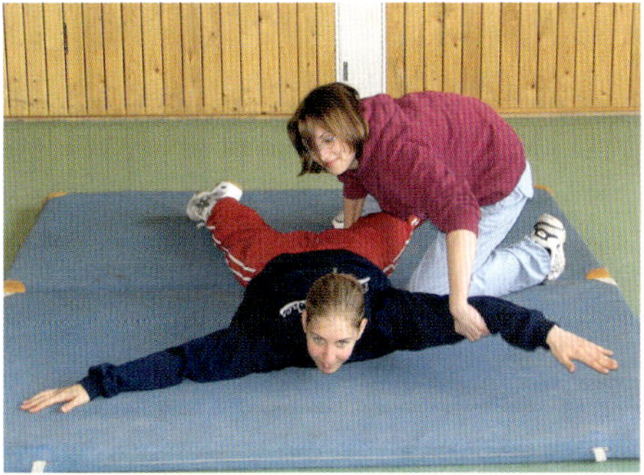

Rücken-Touchdown
A und B haken sich Rücken an Rücken mit den Armen ein. Beide versuchen den anderen mit dem Gesäß auf den Boden zu zwingen, selbst aber oben zu bleiben.

Sitzkampf (Foto)
A und B sitzen sich Hüfte an Hüfte gegenüber auf einer Matte. Mit Griff an den Oberarmen oder Schulter versuchen beide den anderen durch geschickten Krafteinsatz zum Umfallen zu zwingen.

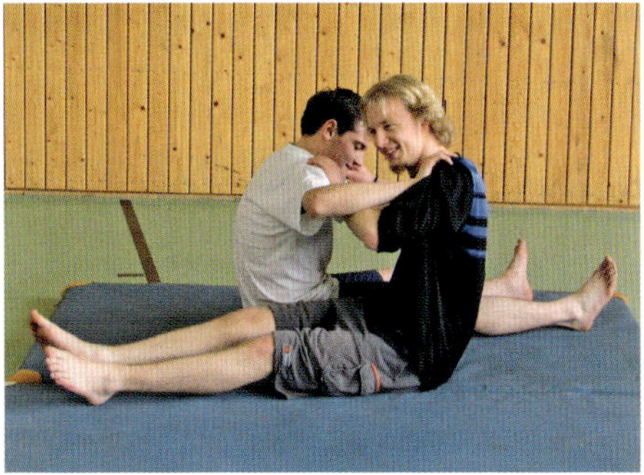

Entspannung

Pizza belegen

A liegt auf dem Bauch. B tut so, als ob er auf dem Rücken von A eine Pizza zubereitet. Teigkneten und ausrollen, mit Soße belegen, Salamischeiben verteilen, Oliven in den Teig drücken, mit Käse bestreuen. Rollentausch.

5. Stunde: Kämpfen um Raum oder Fläche

Kämpfe um Raum oder Flächen erfordern eine gute Orientierungsfähigkeit. Ob im Stand oder auf dem Boden, ob in der Gruppe oder zu zweit, Kämpfe lassen sich sowohl auf größerer Fläche als auch auf engem Raum mit Matten als Kampffläche inszenieren.

Geräte: 4 WBM, 6 Pylone, pro Paar eine Turnmatte.

Aktivierung

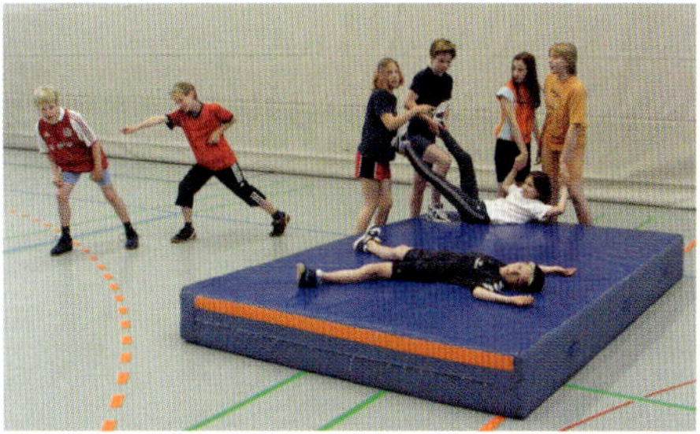

Sanitäterspiel (Foto)
In jeder Hallenhälfte liegt eine WBM als Krankenhaus. 1–2 Fänger ticken andere ab und stecken sie mit einem Virus an. Wer getickt wird, fällt krank zu Boden, kann durch andere in das Krankenhaus geschleppt werden und wird dort wieder gesund. Aktive Sanitäter sind immun! Fänger auswechseln.

Voraussetzungen schaffen

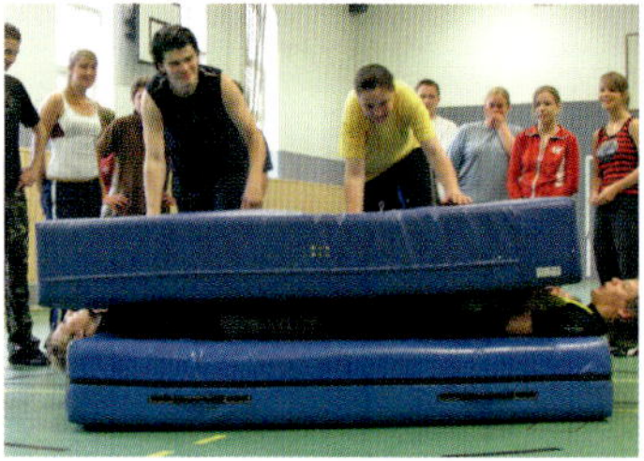

Matten-Sandwich (Foto)
4–6 SuS liegen mit Körperspannung so auf einer WBM, dass der Kopf herausragt, die Füße nach außen gedreht sind und die Arme über der Brust gekreuzt sind. Mit einer zweiten WBM werden sie zugedeckt. Alle anderen denken sich kreative Roll-, Lauf- und Hüpfbewegungen aus für die Mattenquerung aus. Rollentausch!

Kämpfen

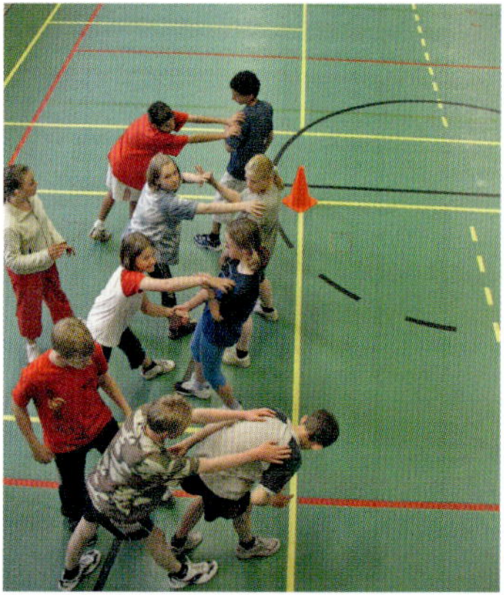

Zonenkampf (Foto)
Mit Pylonen wird ein Spielfeld in drei Zonen 1, 2, 3 eingeteilt. Alle stehen in Zone 1 und versuchen andere mit schieben, drücken, schubsen in die Zone 2 zu befördern.

Wer in Zone 2 ist, versucht entweder andere aus Zone 1 in Zone 2 zu ziehen oder aus Zone 2 in Zone 3 zu drücken ohne selbst dort zu landen. Wer in Zone 3 ist, kann nur noch andere aus Zone 2 in Zone 3 ziehen. Wer bleibt am längsten in Zone 1?
Variation: 2 Spielfelder mit je drei Zonen aufbauen und Jungen und Mädchen trennen.

Kämpfende Reihe (Foto)
Team A und B bilden zwei Reihen und haken sich mit den Armen ein. Auf Pfiff schieben beide Teams das andere Team über eine Markierung (Pylone oder Bodenlinie).
Variation: Rücken, Schulter zueinander.

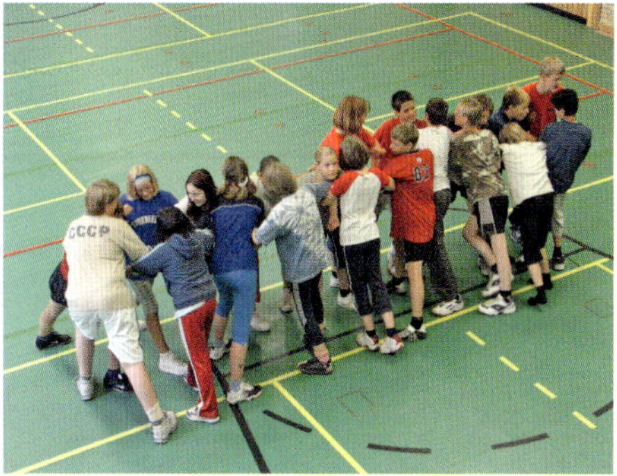

Gefängnisausbruch
Je nach Gruppengröße bilden mehrere WBM eine Kampffläche. Die Hälfte der SuS sind Gefängniswärter, die anderen die Häftlinge, die ausbrechen wollen. Die Wärter versuchen das zu verhindern. Alle bewegen sich nur auf allen Vieren. Rollentausch!

Rauswerfen (Foto)
A und B sind im Kniestand auf einer Matte und versuchen den anderen durch geschickten Krafteinsatz von der Matte zu befördern.

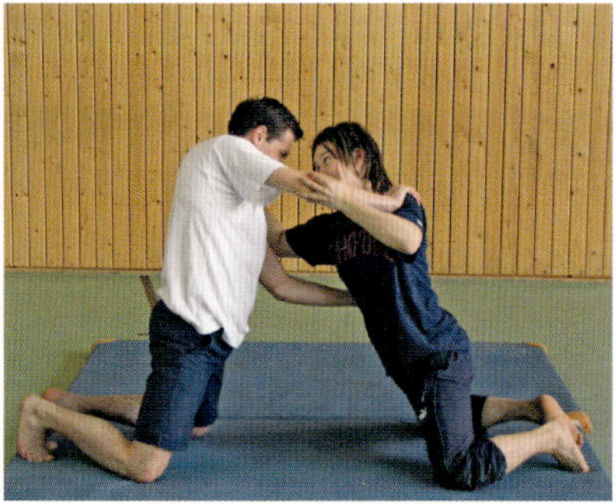

Hahnenkampf (Foto)
A und B stehen auf einem Bein mit verschränkten Armen vor der Brust und schieben hüpfend den Partner über eine Linie.

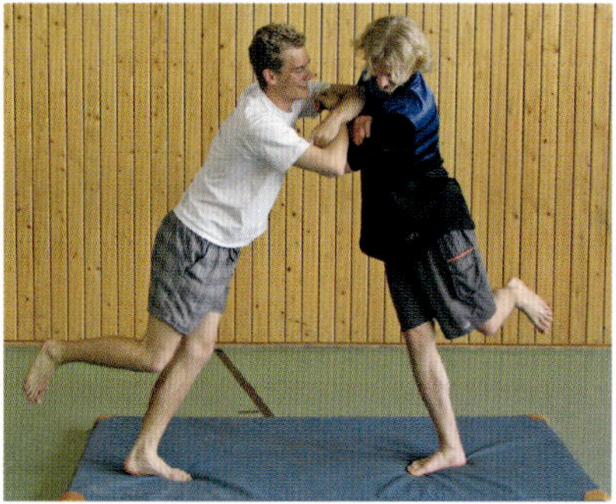

Entspannung

Atem auf Reise
Alle legen sich bequem auf den Rücken und schließen die Augen. Nach Anweisung der Lehrkraft wird der Atem mal sanft, mal kräftig in Körperbereiche geschickt. 5 x in den Oberkörper, 3 x in den Bauch, 4x in die Arme, usw.

6. Stunde: Kämpfen im Stand

Bei Kämpfen im Stand spielt neben der Körperspannung besonders das dynamische Gleichgewicht eine zentrale Rolle: Im Gleichgewicht bleiben oder verlorenes Gleichgewicht wieder erlangen, geschicktes Dosieren von Kraft, das Wechselspiel von Nachgeben und Widerstand leisten, das sind die taktischen Aufgaben bei Kämpfen in der Gruppe und mit dem Partner.

Geräte: 4 Langbänke, 2 WBM, pro Paar ein Medizinball, pro Person ein Parteiband, pro Person eine Keule o. Ä., Tennisbälle.

Aktivierung

Macht das Feld frei
1–2 Fänger ticken andere SuS auf einem Spielfeld ab. Wer getickt wird, läuft, hüpft oder springt zwei Runden um das Spielfeld herum und ist dann wieder im Spiel. Die Fänger werden regelmäßig ausgetauscht.

Voraussetzungen schaffen

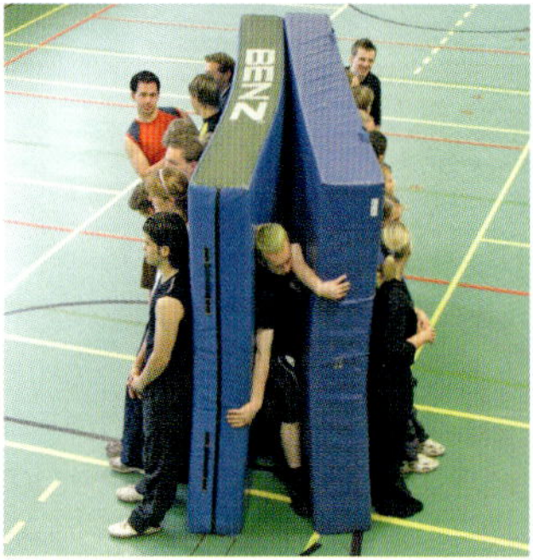

Schluchtenkampf (Foto)
Zwei WBM stehen hochkant. Die SuS drücken die Matten dicht zusammen. A versucht sich durch die enge Schlucht zu zwängen, alle anderen folgen der Reihe nach.
Variation: auf allen Vieren krabbelnd.

Kämpfen

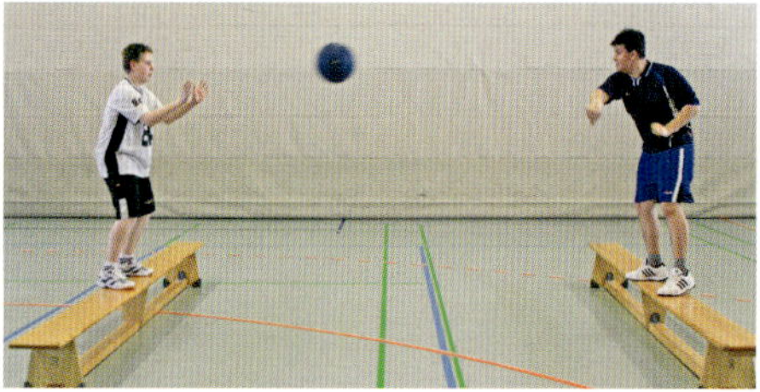

Kanonenkugel (Foto)
A und B stehen je auf einer Langbank mit ca. 4–5 m Abstand. Beide versuchen einen Medizinball so kräftig zum Partner zu werfen, dass dieser beim Fangen die Bank verlassen muss.
Variation: Distanz verändern.

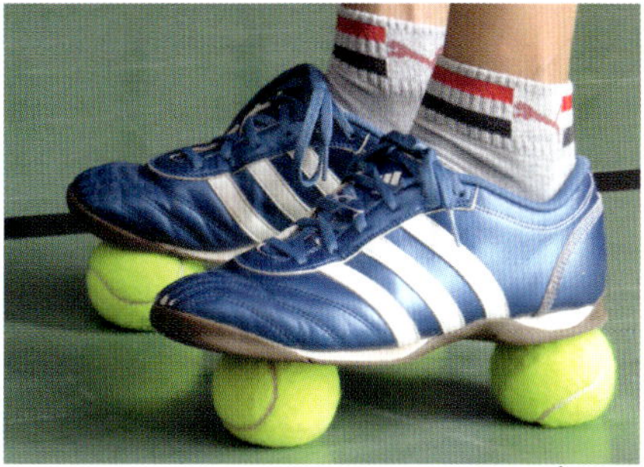

Wackelpudding (Foto)
A und B stehen mit jedem Fuß auf zwei Tennisbällen, fassen sich an den Oberarmen und versuchen sich aus dem Gleichgewicht zu bringen.

Tritt auf's Band
A und B stecken sich ein Parteiband lose in die Socke, fassen sich an einer Hand und versuchen gegenseitig auf das Parteiband zu treten.

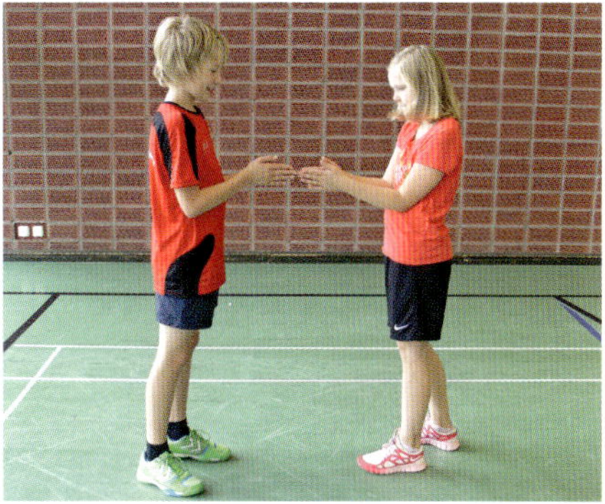

Händeklatsch (Foto)
A und B halten die Hände wie zum Beten zusammen, die Fingerspitzen haben Kontakt. A versucht die Hände von B abzuklatschen, dieser weicht aus nach oben oder unten. Gelingt ihm das, macht er weiter, sonst ist B an der Reihe.
Achtung: nicht zu fest zuschlagen!

Keulenkampf
A und B fassen sich an einer Hand und stehen seitlich zueinander. Hinter ihnen mit 2–3 m Abstand steht eine Keule. Beide versuchen durch Ziehen und Zerren die eigene Keule umzuwerfen.

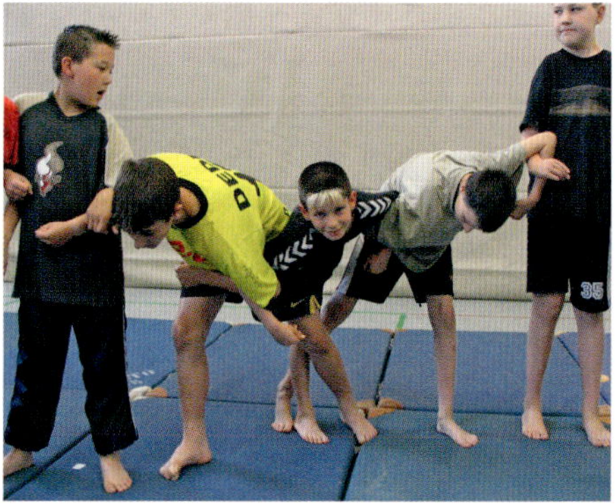

Kämpfender Kreis (Foto)
Einen Kreis bilden mit eingehakten Armen. Auf Kommando bringen alle den rechten oder linken Nachbarn mit Beinhaken zu Fall.

Entspannung

Wetterbericht
A liegt auf dem Bauch, B simuliert Wetterszenarien auf dem Rücken. Tröpfelnden Regen, kräftiger Regenguss, Hagelschauer, wärmende Sonne, Gewitter, Wind.

7. Stunde: Kämpfen am Boden

Bei Kämpfen am Boden entfällt die Gefahr eines Sturzes. Durch engen Körperkontakt sind die Kämpfe aber emotional fordernd. Körperreaktionen des Partners wie Schwitzen, Atmung oder auch Körpergeruch werden unmittelbar wahrgenommen. Die Kämpfenden bekommen direkte Rückmeldung über ihre Aktionen, sie befinden sich in einer Art Körperdialog, der ohne Sprache auskommt. Ziel der Kämpfe am Boden kann es sein, den Partner in einer Position zu fixieren oder sich aus einer misslichen Lage zu befreien.

Geräte: Turn- oder Judomatten, 4 WBM, 1 Ball.

Aktivierung

Drei Beine, vier Hände
Alle laufen durch die Halle. Die Lehrkraft ruft eine Zahl = Gruppengröße und eine Anzahl von Körperteilen, die den Boden berühren dürfen. Beispiel: 4 SuS, drei Hände, vier Beine, ein Knie. Vier SuS bilden eine Figur, bei der die genannten Körperteile den Boden berühren dürfen.

Voraussetzungen schaffen

Ausweichen (Foto)
Alle laufen durch die Halle. Kommt eine Person entgegen, haben beide die Aufgabe nach rechts auszuweichen ohne dass es zu einer Berührung kommt. Nach zwei Minuten wechselt die Richtung und alle weichen nach links aus. Nach weiteren zwei Minuten ist die Richtung nicht mehr vorgegeben und alle müssen sich beim Ausweichen durch Blickkontakt und Körpersprache verständigen. Körperberührung ist tabu!

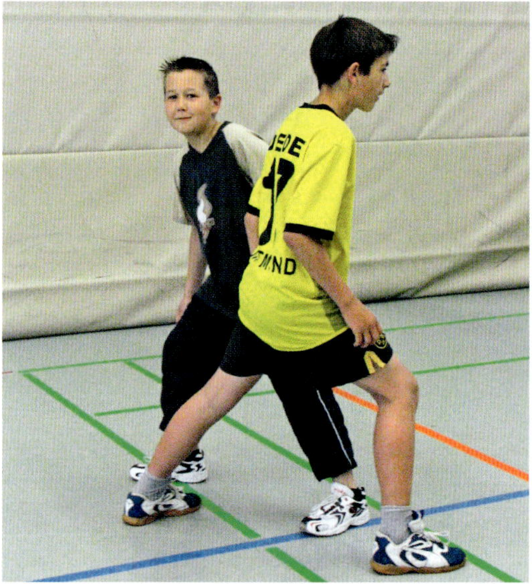

Kämpfen

Planetenangriff (Foto)
Die Hälfte aller SuS sind Bewohner eines Planeten (4 WBM). Die anderen sind die Außerirdischen, die den Planeten erobern wollen. Wer es auf die Matte schafft, wird zum Planetenbewohner.

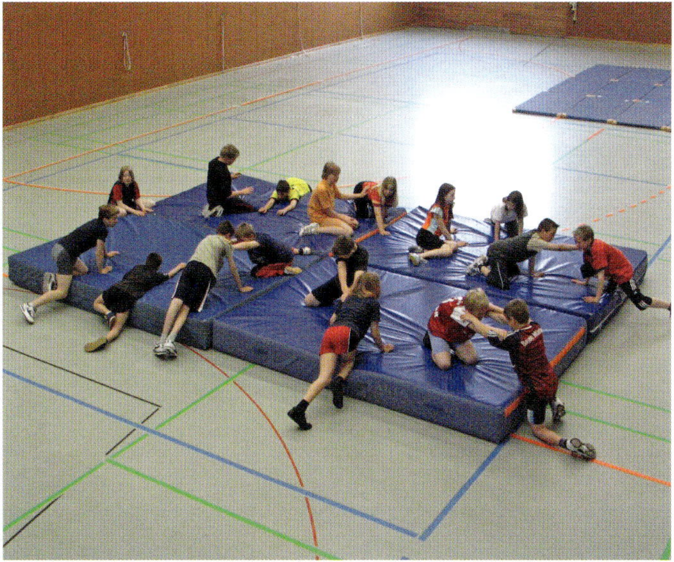

Wattwürmer"(Foto)
Mit Turn- oder Judomatten wird eine Mattenfläche ausgelegt. Die „Wattwürmer" in zwei Teams liegen gegenüber auf dem Boden und wollen auf dem Bauch auf die andere Seite kriechen, gleichzeitig aber verhindern, dass es die gegnerischen Würmer schaffen auf die andere Seite zu kommen.

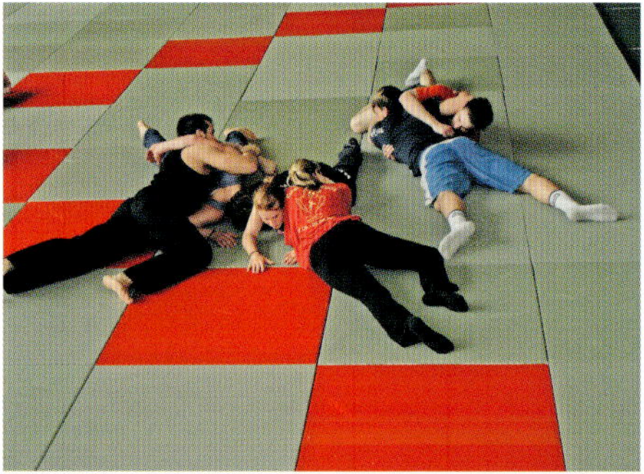

Boden-Rugby (Foto)
Zwei Teams versuchen einen Ball in einer Zone im gegnerischen Feld abzulegen. Alle bewegen sich mit Händen und Füßen am Boden.

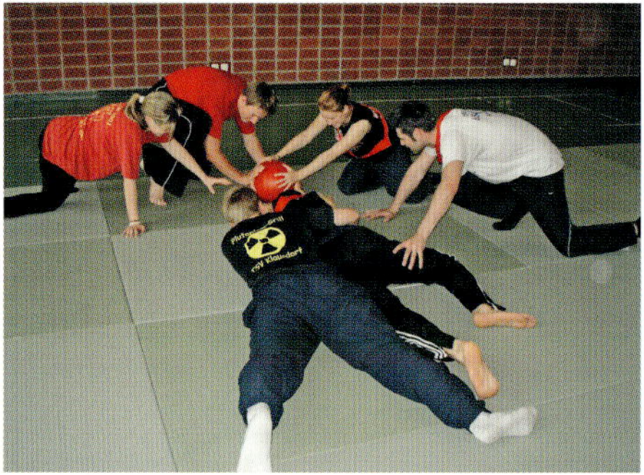

Hände weg (Foto)
A und B gehen in die Liegestützposition und versuchen sich gegenseitig auf eine Hand zu patschen.

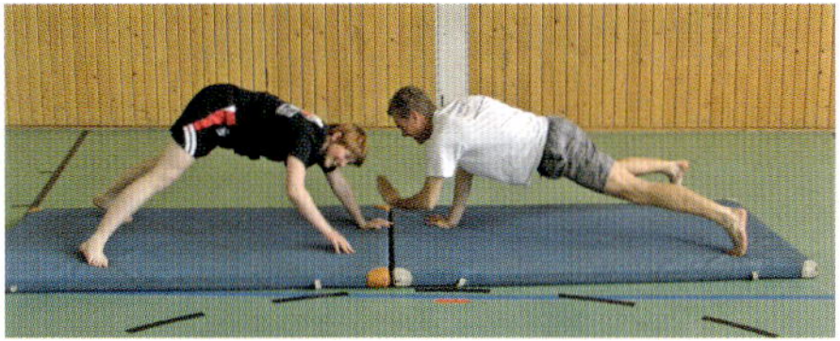

Drehmoment (Foto)
A liegt auf dem Bauch auf einer Matte, B fixiert ihn in dieser Position. A versucht sich auf den Rücken zu drehen. Rollentausch.
Variation: vom Rücken auf den Bauch drehen.

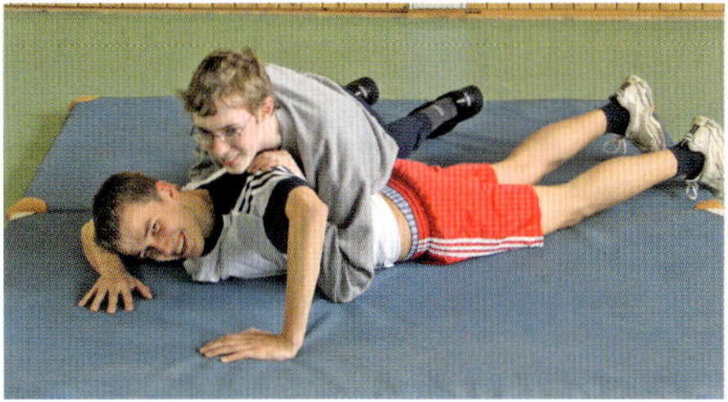

Entspannung

Beinrüttler
A liegt auf dem Rücken, B hält ein Bein am Fuß und schüttelt erst sanft, dann etwas kräftiger das Bein aus. Beinwechsel und Rollentausch.

8. Stunde: Kämpfen in der Gruppe

Kämpfe in der Gruppe stellen den Teamgedanken in den Vordergrund. Der Fokus liegt weniger auf der kämpferischen Einzelleistung und ist daher entlastend für eher schüchterne, ängstliche oder schwächere Kinder. Die Gruppe gibt Halt, Partnerwahl spielt keine Rolle, die ständig wechselnden Partner variieren den Kampfanspruch.

Geräte: Turnmatten, 4 WBM.

Aktivierung

McDonalds (Foto)
Alle laufen durch die Halle, müssen bei bestimmten Begriffen die passenden Bewegungen ausführen und dazwischen wieder laufen.
Pommes = lang ausgestreckt auf den Boden legen
Coke = auf einem Bein stehen und einen Arm wie einen Strohhalm abknicken

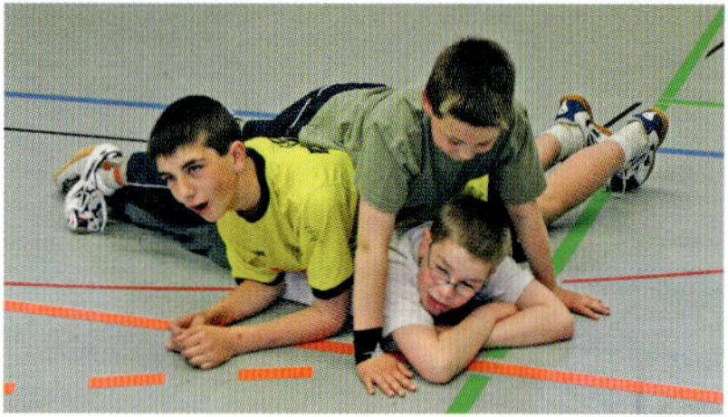

Hamburger = zwei Personen liegen aufeinander
Chicken wings = mit einem Partner die Arme einhaken und eine 360°-Drehung nach rechts und eine nach links machen
Big Mac = drei Personen liegen aufeinander
Ketchup = eine andere Person kurz hochheben und „catch up" rufen
Milchshake = zwei Personen halten sich an den Oberarmen und schütteln sich kräftig

Voraussetzungen schaffen

Rush hour (Foto)
die Hälfte der Gruppe liegt auf dem Rücken mit weit gespreizten Armen und Beinen. Die anderen SuS wollen schnell nach Hause und gehen, laufen, hüpfen, stampfen über die Liegenden hinweg in unterschiedlichem Tempo. Rollentausch.
Achtung: die Liegenden dürfen ihre Position nicht verändern! Körperberührung ist tabu!
Variation: Augen zu im Liegen.

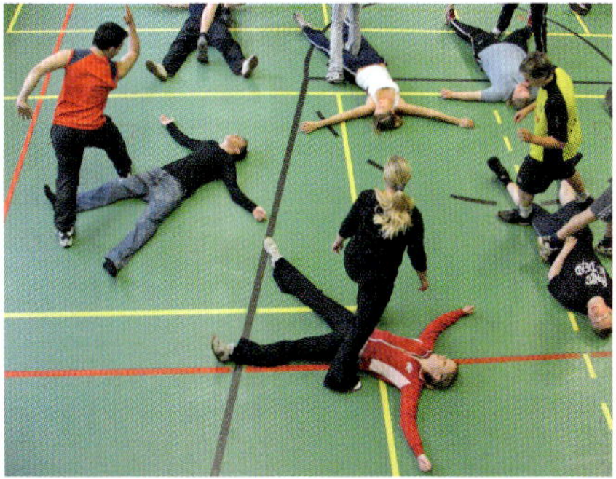

Gordischer Knoten (Foto)
Alle drängen sich eng zusammen, strecken die Arme nach oben, machen die Augen zu und ergreifen mit jeder Hand eine andere Hand. Dann werden die Augen geöffnet und die Gruppe versucht sich zu entknoten ohne die Hände zu lösen.

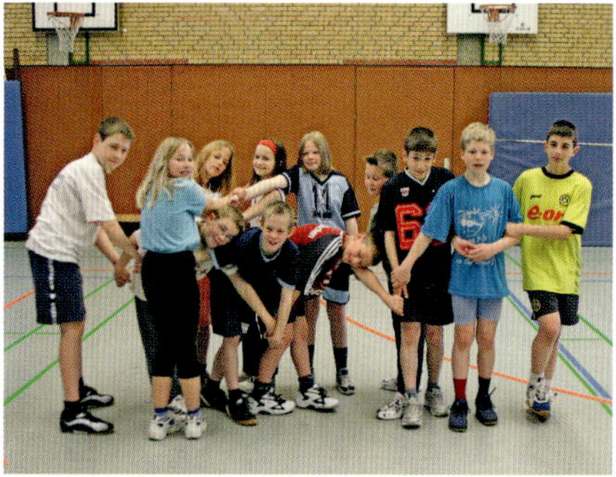

Kämpfen

Rüben ziehen (Foto)
Alle liegen auf dem Bauch und haken sich im Kreis mit den Armen der beiden Nachbarn ein. Der Bauer möchte seine Rüben ernten, packt eine „Rübe“ an den Beinen und versucht sie aus dem Feld zu ziehen. Die Rüben helfen sich untereinander. Wer herausgezogen wurde hilft dem Bauern. ***Achtung:*** die Beine nicht nach oben ins Hohlkreuz ziehen!

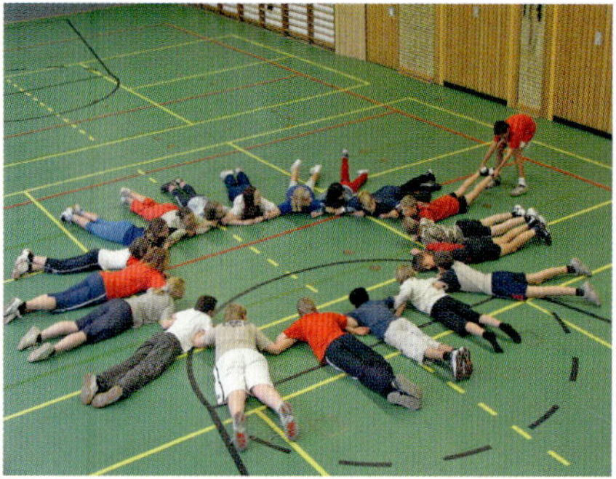

Reiterkampf

Mattenfläche auslegen. Alle bilden zu zweit Pferd und Reiter und versuchen andere Reiterteams zu trennen. Rollentausch von Pferd und Reiter.

Achtung: Etwa gleich schwere SuS bilden ein Reiterteam.

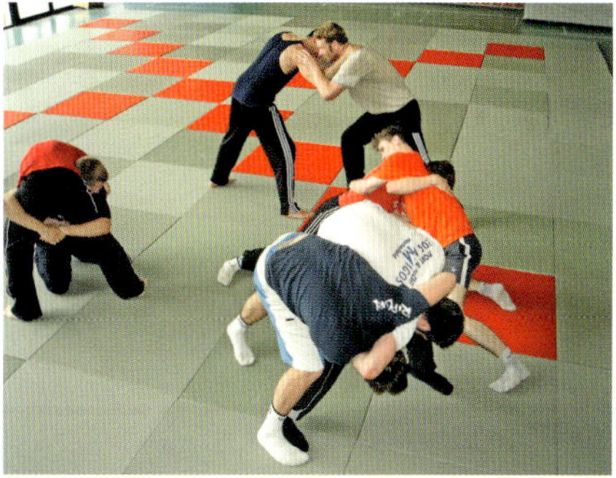

Massensumo (Foto)

Alle sind auf einer Mattenfläche und kämpfen gegeneinander. Jeder versucht andere von der Mattenfläche zu befördern.

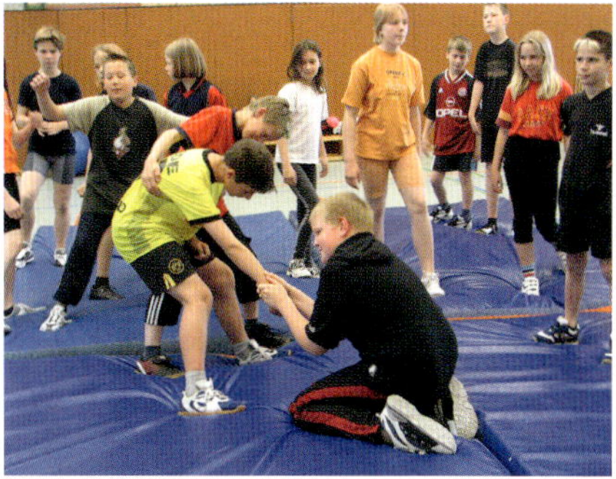

Werwolf (Foto)

Aus 4 WBM eine Kampffläche legen. A ist der Werwolf und darf sich nur auf allen Vieren bewegen. Alle anderen sind ebenfalls auf der Mattenfläche. Der Werwolf versucht jemanden so zu packen, dass ein weiteres Körperteil außer den

Füßen des Opfers die Matte berührt. Gelingt dies, wird das Opfer zum Werwolf und der Kampf geht zu zweit weiter, bis nur noch eine Person übrig bleibt. Das wird der neue Werwolf in der nächsten Runde.

Variation: das Spiel eignet sich gut zur Geschlechtertrennung, falls Kämpfe zu intensiv werden.

Entspannung

Waschstraße

Alle bilden eine Gasse. Das erste Kind krabbelt durch vier Stationen der Waschstraße, alle anderen folgen.

Mit Wasser einsprühen = mit den Fingerspitzen Regen nachahmen
Schaum produzieren = mit den Händen den Rücken massieren
Abspülen = mit den flachen Händen über den Rücken wischen
Trocken föhnen = kräftig pusten

9. Stunde: Kämpfen im Stationsbetrieb

Das Kämpfen im Stationsbetrieb bietet den SuS viel Abwechslung, fördert die Eigenständigkeit z. B. durch den Einsatz von Stationskarten (siehe Quellen) und ist leicht zu organisieren. Kleine Kampfflächen aus zwei Turnmatten in Kreisform angeordnet bieten allen eine gute Orientierung. Nach einem Zeitintervall von ca. 4–5 Minuten wechseln die SuS von Matte zu Matte. Paare oder Dreiergruppen (zwei kämpfen, der dritte ist Kampfrichter) bleiben während des Stationsbetriebes zusammen. Denkbar ist es auch eine Kampfaufgabe mit wechselnden Partnern öfter zu wiederholen. In dem Fall wechselt nur eine Person die Matte und es entstehen neue Paarungen.

Geräte: 10 Reifen, 2 Mützen, 2 Langbänke, 10 Turnmatten, 2 Bälle, 2 Zeitungen, 1 Medizinball, 2 Ringe, 2 Seile.

Aktivierung

Hai-Alarm

Es werden ca. zehn Reifen als Rettungsinseln in der Halle auf dem Boden verteilt. Alle laufen, hüpfen, springen um die Inseln herum. Ruft die Lehrkraft „Hai-Alarm", flüchten alle auf eine Rettungsinsel. Nach jedem Durchgang wird ein Reifen entfernt, so dass es auf den Inseln immer enger wird.

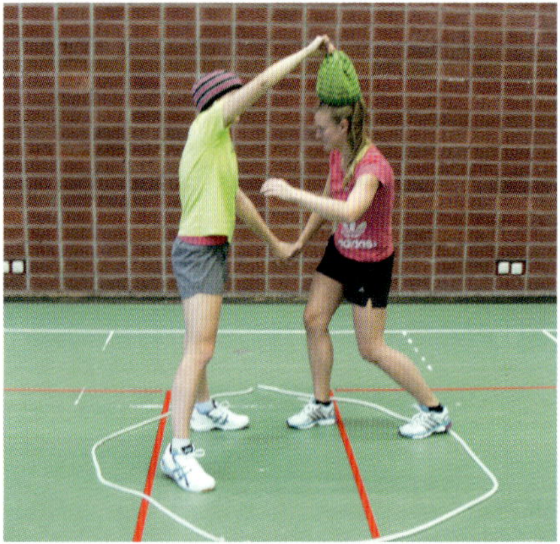

Kämpfen

Station 1 **Mützenklau** (Foto)

A und B stehen in einem Seilkreis, haben eine Mütze auf und fassen sich an einer Hand. Beide versuchen dem anderen die Mütze zu klauen, ohne den Kreis zu verlassen.

Station 2 Käfer auf dem Rücken (Foto)

A und B liegen Hüfte an Hüfte auf dem Rücken mit Blick zueinander, die Beine sind in der Luft. Beide versuchen durch Beinhakeln die Beine des anderen auf den Boden zu drücken.

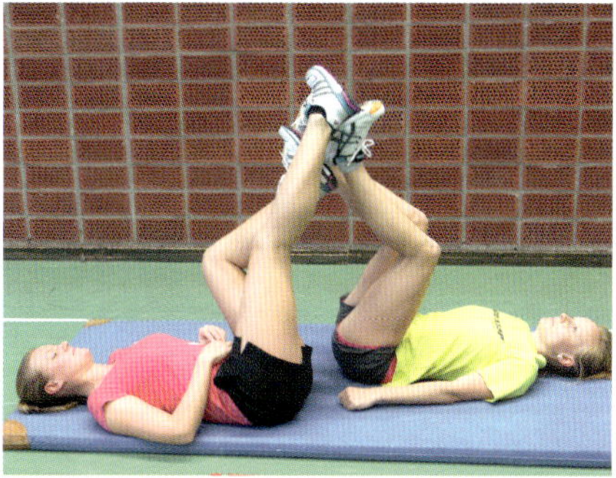

Station 3 Rückenschiebekampf (Foto)

A und B sitzen Rücken an Rücken auf einer Langbank und schieben sich gegenseitig mit den Füßen weg. Die Hände sind in der Luft.

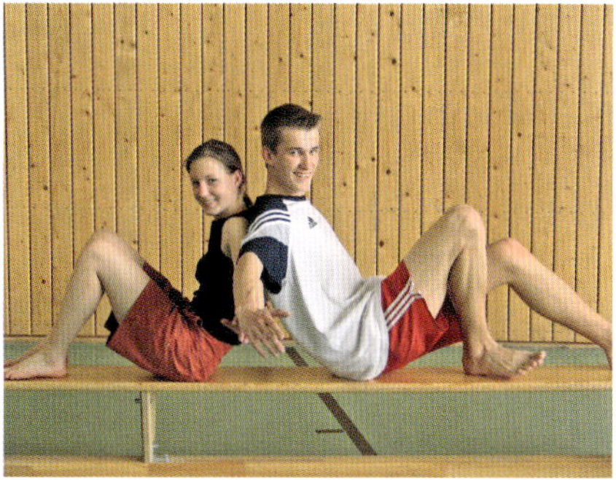

Station 4 Seitschubser

A und B stehen auf zwei Turnmatten und schieben sich durch seitliche Schubser von den Matten.

Station 5 Schmalspurkampf (Foto)

A und B stehen sich mit einem Ring auf dem Kopf auf einer Langbank gegenüber, die Hände auf den Oberarmen des Partners. Durch geschicktes Drücken und Nachgeben soll der andere den Ring verlieren oder zum Verlassen der Langbank gezwungen werden.

Variation: schmale Seite der Langbank nach oben.

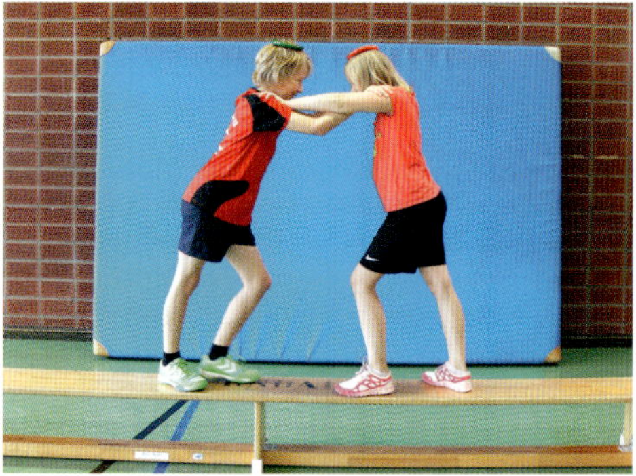

Station 6 Storchenbein

A und B stehen auf einem Bein und halten sich an beiden Händen. Mit taktischen Bewegungen und Krafteinsatz soll der andere zum Aufsetzen des Fußes gezwungen werden.

Station 7 Ballduell

A und B haben jeder einen Ball zwischen den Knien eingeklemmt und versuchen dem anderen den Ball wegzuschlagen.

Station 8 Mauersturz (Foto)

A und B sind im Kniestand auf einer Matte und halten eine weitere Matte hochkant zwischen sich. Mit geschicktem Krafteinsatz soll die Mauer zum Einsturz gebracht werden.

Achtung: feste Matte verwenden!

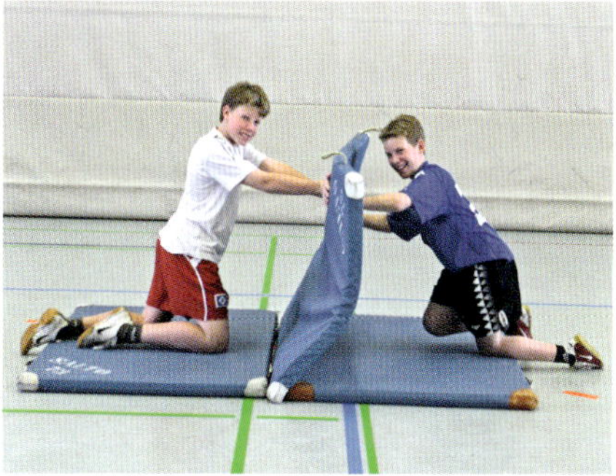

Station 9 Zeitungsfechten

A und B rollen sich mehrere Zeitungsseiten zusammen und versuchen Treffer auf den Körper des Partners zu setzen.

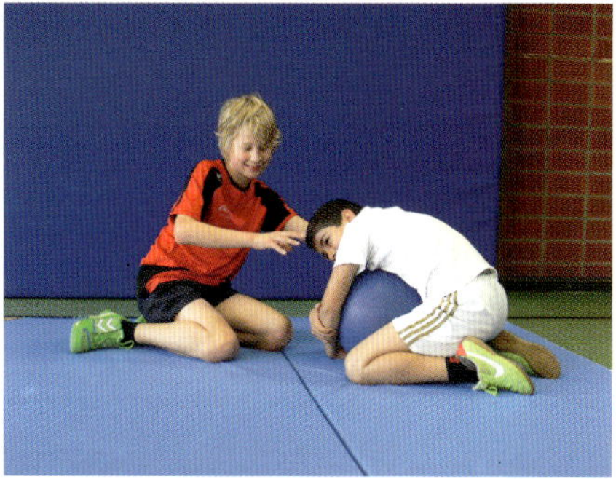

Station 10 Kampf um die Kugel (Foto)

A beschützt einen Medizinball mit dem Körper auf einer Matte, B versucht den Ball zu entwenden. Rollentausch.

10. Stunde: Kämpfen in Turnierform

Turniere stellen den Höhepunkt und möglichen Abschluss einer Unterrichtseinheit im Handlungsfeld Kämpfen dar. Die aufgeführten Turnierideen mit Kämpfen zu zweit vermeiden ein Ausscheiden und sichern allen ein hohes Maß an Bewegungsintensität mit wechselnden Kampfpartnern unter Wettkampfbedingungen. Grundsätzlich eignen sich alle Kampfaufgaben, die klare Kriterien für Sieg oder Niederlage haben. Auf Wunsch kann ein Kampf auch inszeniert werden mit allen unbeteiligten SuS als Zuschauer, mit Anfeuern, Kampfrichter, Ring und Wettbüro! Welche Kampfaufgabe ausgewählt wird, entscheiden Lehrkräfte und Schüler am besten gemeinsam. Zur Auswahl sind mehr Turnierideen aufgeführt als in einer Sportstunde durchgeführt werden können.

Geräte: 1 Zauberschnur, Pylone, evtl. weitere Geräte für die Kampfaufgaben.

Aktivierung

Rasenmäher

Mit Pylonen wird ein kleines Spielfeld mit ca. 6m Kantenlänge abgesteckt. Zwei SuS halten eine Zauberschnur, stehen sich gegenüber an den Seitenlinien und bewegen die Zauberschnur wie ein Rasenmähermesser von Spielfeldende zu Spielfeldende. Ist das „Messer" flach, müssen alle anderen darüber springen, ist es höher, krabbeln alle darunter. Sowohl die Höhe des Rasenmähermessers als auch das Bewegungstempo variieren ständig.

Wir sind lauter

Zwei Teams stehen sich gegenüber. Team A beginnt und sagt leise den Satz „wir sind lauter". Team B wiederholt den Satz mit etwas mehr Stimmeinsatz, Team A antwortet usw. Die Lautstärke erhöht sich ständig.

Turnierideen

Kaiserturnier

Das Prinzip des Kaiserturniers ist aus dem Tischtennis bekannt. Flächen von zwei Turnmatten reichen in der Regel für die Kampfaufgaben pro Paar aus. Sie werden nebeneinander mit etwas Seitenabstand auf einer Höhe ausgelegt entsprechend der Anzahl der Kampfpaare. Der Gewinner des Kampfes rückt eine Mattenfläche weiter nach rechts, der Verlierer nach links. Auf den äußeren Matten bleiben Verlierer bzw. Gewinner auf ihrer Matte. Mit jedem Durchgang ergeben sich also immer wieder neue Paarungen, die zugleich homogener, aber auch anspruchsvoller in ihrem Leistungsvermögen werden. Es bietet sich an, so viele Kampfrunden wie Mattenflächen zu veranstalten. Auf dem Kaiserfeld ganz rechts kann man dann den Sieger des Turniers ablesen. Bei dieser Turnierform kann man sehr gut organisatorisch Jungen und Mädchen getrennt kämpfen lassen.

Mädchen

Matte 1	Matte 2	Matte 3	Matte 4	Matte 5	Matte 6	Matte 7	Matte 8	Matte 9
								Kaiser- feld

Jungen

Matte 1	Matte 2	Matte 3	Matte 4	Matte 5	Matte 6	Matte 7	Matte 8	Matte 9
								Kaiser- feld

Eckenturnier

Die Ecken einer Halle werden mit 0, 1, 2, 3 bezeichnet. Über die Längsseite einer Halle liegen Matten als Kampfflächen aus. Die Lehrkraft bestimmt eine Kampfaufgabe für alle. Die Sieger aus den Zweikämpfen gehen in die Ecke eins, Verlierer in die Ecke 0. Alle Schüler aus einer Ecke kommen als nächste Kampfpartner in Frage. Bei zwei Siegen geht man in die Ecke 2, mit drei Siegen in die Ecke 3. Möchte man mehr als 4 Runden mit einer Kampfaufgabe machen, erweitert man die „Ecken" der Halle auf 6 oder 8. Ansonsten gibt es eine neue Aufgabe über vier Runden.

Nummernturnier

In zwei Mannschaften werden die gleichen Nummern an die Schüler verlost oder verteilt. Ähnlich wie beim bekannten Zahlenfußball kämpfen die von der Lehrkraft aufgerufenen Nummern miteinander über eine festgelegte Zeit. Die Kampfpaarungen ergeben sich per Zufall. Man kann allerdings über die Zusammenstellung der Mannschaften Einfluss auf Paarungen nehmen und den Nummernkampf mit reinen Jungen- oder Mädchenmannschaften durchführen. Bei dieser Turnierform können mehrere Paare zur gleichen Zeit kämpfen, damit die Bewegungsintensität möglichst hoch ist. Mit kleinen Mattenflächen in einer Reihe angeordnet behält die Lehrkraft einen guten Überblick über die ganze Gruppe.

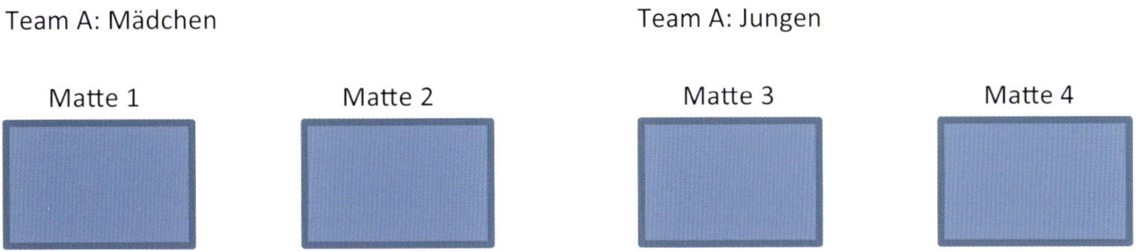

Tannenbaumturnier

Jeder bekommt einen Haftzettel mit einer Nummer, die in Form eines Tannenbaums (s. u.) an eine Wand geklebt werden. Je nach Differenzierung werden für Jungen und Mädchen unterschiedliche Farben verwendet. Die Nummern können der Reihe nach oder durcheinander angeordnet werden. Eine Kampfaufgabe wird bestimmt. Jeder Schüler fordert nun einen anderen Schüler zum Kampf heraus, der in der Reihe über ihm hängt. Gewinnt der Schüler der unteren Reihe, tauschen Gewinner und Verlierer ihre Zettel aus. So ergeben sich ständig neue Paarungen nach Wahl der Schüler. Nach mehreren Kampfrunden sind die stärkeren Schüler an der Tannenbaumspitze abzulesen.

Beispiel 1: Schüler Nr. 8 und 11 haben miteinander gekämpft. Nr. 8 hat verloren. Es werden die Zettel 8 und 11 miteinander getauscht.

Beispiel 2: Schüler 1 und 4 haben miteinander gekämpft. Schüler 1 siegt. Die Zettel bleiben so hängen.

1

2 3 **4**

5 6 7 **8** 9

10 **11** 12 13 14 15 16

17 18 19 20 21 22 23 24 25